大展好書　好書大展
品嘗好書　冠群可期

大展好書　好書大展
品嘗好書　冠群可期

輕鬆學武術6

二十八式木蘭拳

（附 VCD）

秦子來　編著

大展出版社有限公司

天人合一
与时俱進

为晨练丛
书、题

蔡龍雲

作　者　簡　介

　　秦子來，女，1964 年 2 月生。1978 年考入武漢體育學院運動系武術專業，1984 年畢業於武漢體育學院。中國武術國家級裁判員，武術七段。現任武漢大學體育部副教授，武漢大學武術代表隊主教練，武漢市武術協會副主席，湖北省高校武術協會副秘書長，武漢市木蘭拳專業委員會主任。

　　2001 年出訪芬蘭瓦薩理工大學進行太極拳講學活動。運動員期間多次參加全國武術比賽，擅長太極拳及太極劍術，並取得了優異成績。任武漢大學代表隊教練以來，多次帶隊參加國際、全國、湖北省、武漢市武術比賽，並獲得優異成績，多次參加全國重大武術比賽的裁判工作。

　　曾出版《奧運縱橫——奧運文化發展軌跡》、《二十八式木蘭拳》、《三十八式木蘭扇》、《四十八式木蘭劍》、《武術基礎理論》、《大學體育與健康》等多部著作；發表了《運動人體科學虛擬實驗系統的研製》、《中國武術的民族傳統文化內涵》、《初級長拳（第三路）難點動作教學探析》、《論體育保健教學對學生心理素質和道德修養的影響》、《湖北省武術館校學生與同齡普通中學生目標定向的比較研究》、《論普通高校體育教學管理的思路與對策》、《武術運動對學齡前兒童素質教育的影響》等20多篇論文。

前　言

　　聞雞起舞是中國人晨練的寫照，直到今天，迎著初升的朝陽，沐浴著陣陣晨風翩翩起舞仍是中國人最常見的鍛鍊身體的方法。在晨練的人群中，習武者頗多，其中練太極拳和木蘭拳的人就不少，在許多地方早已是蔚然成風。

　　武術是中國傳統文化的一部分。傳統文化既有民族性又有時代性。葉朗先生說：「傳統是一個發展的範疇，它具有由過去出發，穿過現在並指向未來的變動性……傳統並不是凝定在民族歷史之初的那些東西，傳統是一個正在發展的可塑的東西，它就在我們面前，就在作為過去延續的現在。」武術正是這樣不停地發展變化著。如二十四式簡化太極拳就是為了滿足人們練習的需要，在原來太極拳的基礎上刪繁就簡創編的，一經出現就受到了廣大練習者的歡迎，至今流傳已近半個世紀，早已成了較為「年輕的傳統武術套路」了。後來的四十二式太極拳更是由各式太極拳相互融合而成，開始僅作為運動員的比賽套路，現在也成了人們晨練的內容之一。而木蘭拳是以傳統的武術為母本生長出來的新枝，開出的新花，為人們所接受，已是各地晨練不可或缺的內容。作為中國傳統文化的武術就是這樣不斷地發展者，表出出了強大的生命力，即使它的某些新的東西一時為一些人所不理

解、不接受，但它依然發展著。

　　爲滿足廣大練習者的需要，湖北科學技術出版社決定按照國家規定套路以太極拳和木蘭拳爲内容出一套「輕鬆學武術」叢書。介紹太極拳和木蘭拳的書籍已經很多，如何創新呢？後來考慮一般武術書中的「圖中人」都是面向讀者。由於動作的方向經常變化，練習者的動作方向時而和「圖中人」動作方向相同，時而又和「圖中人」的動作方向相反。對於還不十分熟悉武術動作的初學者來說，往往感到看圖學動作較爲困難，這實際上也是編寫武術圖解長期未能解決的一個難點。我們受到在教學實踐中教師常根據學生練習時身體方向的不同，不斷地變換領做位置的教法的啓發，想到用正反兩套圖來編寫這套書，也算是一個大膽的嘗試，即是本書特色所在，希望能爲廣大讀者所接受和習慣。

　　我國著名武術家蔡龍雲先生爲這套叢書寫了「天人合一，與時俱進」的題詞，一方面點明了人們在晨練時人與大自然融爲一體的情景和對中國傳統哲學「天人合一」觀念的追求，同時也反映了武術要常練常新，不斷發展的思想。在此謹向蔡先生表示深切的謝意。湖北科學技術出版社蔡榮春編審從選題到編寫方法，直到審定，付出了大量的心血，在此一併致謝。

　　本書二十八式木蘭拳由秦子來執筆並動作示範。

溫　力　於妙齋

簡　介

　　二十八式木蘭拳是國家體育總局武術管理中心於1999 年 10 月有關專家編寫的國家規定套路。在體現木蘭拳武舞結合特點的基礎上，強化了技術規範，增強了木蘭拳運動的競技性、可比性，從而促進了木蘭拳運動的普及和提高，使木蘭拳運動更加科學和規範地發展。

　　全套共由 28 個動作組成，其中包括手型、步型、手法、步法、腿法、平衡等動作。整套動作內容充實，動作規範，布局合理。本書根據運動方向全套分為四段。

　　第一段從「起勢」到「鳳凰出巢」；

　　第二段從「彩袖翻飛」到「落花流水」；

　　第三段從「孔雀開屏」到「黃鶯落架」；

　　第四段從「猛虎聽風」到「收勢」。

　　全套動作編排合理，輕盈柔美，符合競賽規則要求，深受國內外木蘭拳愛好者的喜愛。

1.本書是以「蝴蝶頁」的形式編排的，即左邊雙數頁碼和右邊單數頁碼成為一個整體，翻開任何一頁，均應將左右相鄰兩頁的內容連在一起看。

2.每一頁都有上下兩組圖，上面圖像較大的一組為主圖，下面圖像較小的一組為副圖。兩組圖的圖中示範者的動作完全相同，唯方向相反。主圖的示範者為背向練習者起勢；副圖的示範者則是面向練習者起勢。

3.因主副圖中示範者起勢的方向相反，運動的前進方向也相反；同時由於在演練的過程中動作行進的方向經常變化，主副圖中示範者的動作前進方向也都隨之變化，所以在主副圖下方向分別標注的動作前進方向箭頭，讀者在看圖時首先要看清動作前進方向，且要注意將「蝴蝶頁」相鄰兩面要連起來看。

4.我們將主圖中的示範者定為背向讀者起勢，在一般情況下，示範者的動作前進方向和練習者一致，所以以看主圖為主。當主圖中局部動作因圖中示範者的身體遮擋而看不見或看不清時，可以參看副圖。當練習時身體動作轉體180°時，練習者再看主圖中的示範者的動作很不方便，此時副圖示範者正好背對練習者，副圖中示範者的動作前進方向和練習者一致，在這種情況下以看副圖為主，參看主圖。注意，從副圖

上看動作的前進方向與主圖的前進方向相反，這是因爲身體動作轉體180°所致，對於練習者來說，動作前進方向是沒有改變的。當身體動作又轉體180°回到原來的方向時，則仍以看主圖爲主。在不同的情況下分別看主圖和副圖，就好像是在練習者身體前後各有一個示範者，在開始時隨身前的示範者的動作進行練習，當動作轉體180°時就隨原來的身後的示範者的動作進行練習，這正是本叢書與其他武術圖解書最大的不同之處，爲讀者提供了一個來自於教學實踐的新的看圖學動作的方法，讀者只需稍加熟悉就會習慣。

5.圖中示範者身體各部位的動作由相應部位爲起點的箭頭指示，箭頭所示爲由該姿勢到下一姿勢的動作路線，左手和左腳的動作用虛線箭頭表示；右手右腳的動作用實踐頭表示。有些圖中有簡單的文字提示細微動作的做法和動作要領，學習時以看圖爲主，參看文字說明。

6.對照本叢書來觀摩其他練習者的演練也十分方便。當被觀摩者背對觀摩者起勢時，只需看主圖；當被觀摩者面對觀摩者起勢時，只需看副圖，這樣被觀摩者的前進方向及動作都和圖中人的前進方向和動作完全一致，不會因動作方向的改變而造成看圖的不便。

7.每頁圖上的「▨▨▨▶」爲動作前進方向，也是看圖的順序，注意不是每一頁都是從左到右看，有的是從右到左看的。另外，上、下兩排主、副圖的方向正好相反，注意動作編號相同的才爲同一動作。

目　錄

【二、請拳起舞】

虛步與抱拳要同時完成。

（4）

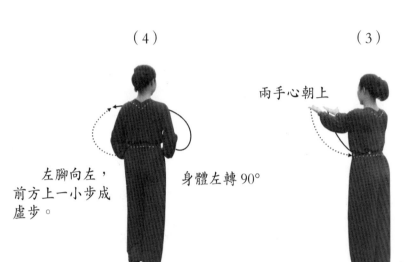

左腳向左，
前方上一小步成
虛步。

身體左轉90°

（3）

兩手心朝上

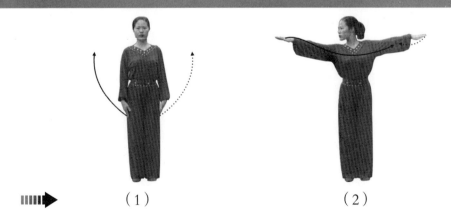

（1）

（2）

【一、舒雁展翅】

轉體時，以腰帶臂擺動，身體微下沉。

【預備勢】

身體自然站立，心靜體鬆，集中注意力。

（2）　　　　　　（1）

（3）　　　　　　（4）

（8）　　　　　　　　　　　　　　　（7）

兩手心朝下

　　（5）

　　（6）

【三、彈雪金蓮】

擺腿時，前後擺臂動作要協調一
致，右腳下落，隨重心前移輕推掌。

（6）　　　　　　　　　　（5）

左掌右拳

（7）　　　　　　　（8）

【四、鳳凰出巢】

轉體、旋臂同時完成，扣腳、碾腳要立身自然轉體，提膝穿掌，要立腰挺拔。

（12）　　　　　　（11）

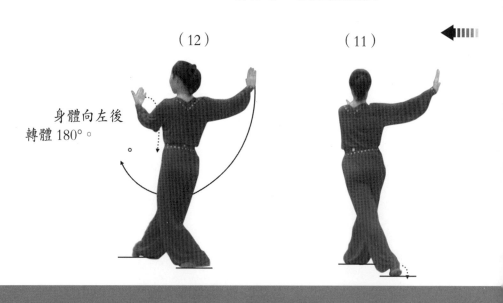

身體向左後轉體 180°。

（9）

（10）

（10）　　　　　　　　　　　　　　（9）

身體重心前移，
左腳跟提起。

（11）　　　　　　　　　　（12）

（15）

錯誤喲！

支撐腿不可
屈膝；上提腿不
可開胯。

身體向左轉
90°，左腳伸膝
外擺。

（13）

（14）

（14）　　　　　　　　　　　　（13）

（15）

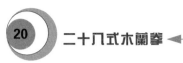

【五、彩袖翻飛】

外擺腿、搬左拳、按右掌要協調配合，架掌與後舉腿要同時完成。

▶（16）   （17）

身體向左轉90°，左腿伸膝外擺。

兩手向下畫弧

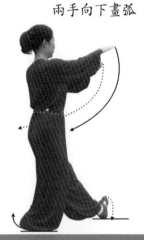

（20）

（19）

（18）◀

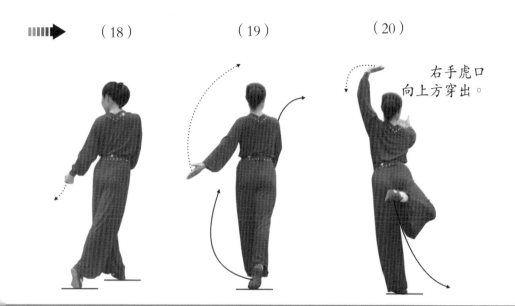

（18）　　　　　（19）　　　　　（20）

右手虎口
向上方穿出。

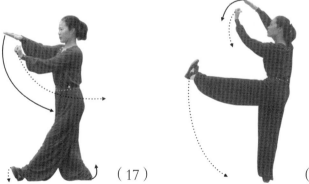

（17）　　　　（16）

【六、推雲播雨】

在落步、上步、扣步、撤步的步法轉換中雙掌要隨身體轉動畫弧，連貫協調配合。

▶ （21）　　　　　　　　（22）

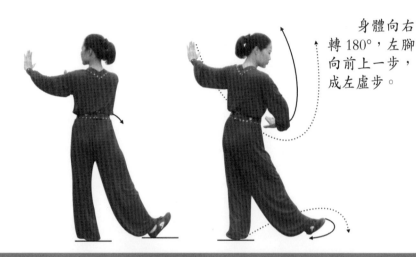

身體向右轉180°，左腳向前上一步，成左虛步。

（24）

（23）　◀

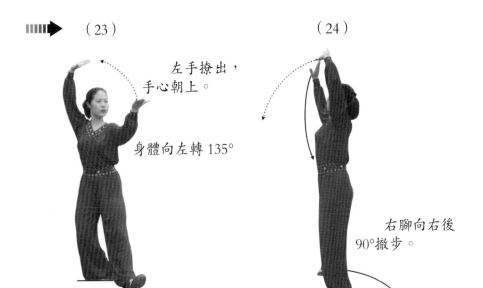

（23）

左手撩出，
手心朝上。

身體向左轉 135°

（24）

右腳向右後
90°撤步。

（22）

（21）

（25）

（26）

身體繼續向右轉 90°

（28）

（27）

（27）　　　　　　（28）

右手心朝上

左手心向裏

（26）

（25）

【七、百鳥朝鳳】

左轉 180°時，雲手要抬頭，兩臂畫弧要協調，蹬腿時要立腰，叉步要擰腰轉胯。

（29） （30）

右腳蓋步，身體向左轉 90°。

以兩腳掌為軸，身體向左轉 180°，重心移向右腿，右手向右雲轉。

（33） （32） （31）

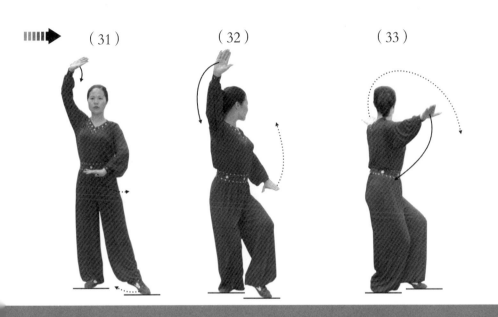

（31）　　（32）　　（33）

立掌

（30）　　（29）

（34）

（35）

兩腕交叉

（37）

（36）

（36）

（37）

（35）

（34）

（38）

錯誤喲！

上身不可後仰

上踢完成
時先繃腳尖，
再勾腳尖。

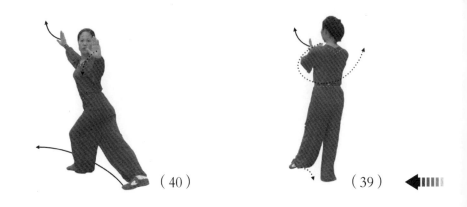

（40）

（39）

（39）

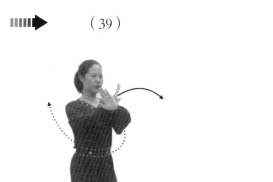

左腳尖外擺

（40）

（38）

【八、丹鳳朝陽】

　　以腰帶動手臂旋擺，碾腳與移重心要同時完成，後舉腿要高於臀。

（41）　　　　　　　（42）　　　　　　（43）

右臂內旋向右畫弧，手心向下。

手心朝下

（45）　　　　　　　　（44）

（44）　　　　　　　　　　　　（45）

右手虎口向
斜前方穿出。

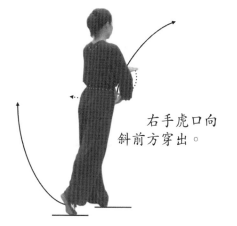

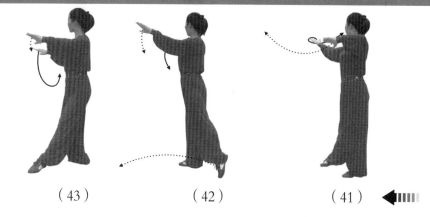

（43）　　　　　　（42）　　　　　　（41）

【九、鷂子翻身】

翻身時，兩臂要隨身體
成立圓，不可低頭。

 （46）

（47）

（49）

（48）

（48）　　　　　　　　　（49）

身體向左翻轉 180°

（47）

（46）

【十、龍飛鳳舞】

以腰帶臂，兩臂畫立圓，踢腿時上體不可後仰。

（50）

（51）

（53）

（52）

（52）

（53）

左腳下落
的同時，身體
向左轉90°。

（51）

（50）

【十一、落花流水】

身體左轉要與落腳同時完成，雙絞手
與轉腰協調配合，歇步與砍掌同時完成。

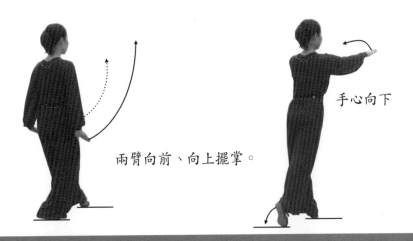

（54）

（55）

手心向下

兩臂向前、向上擺掌。

（57）

（56）

（56）

右手前推，
左手收至胸前，
身體左轉。

（57）

（55）

（54）

（58）

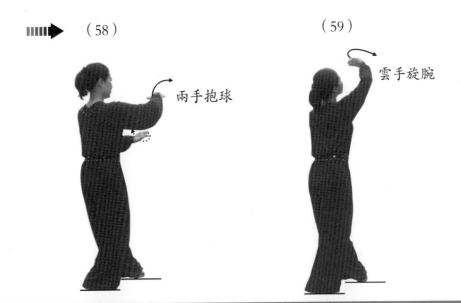

兩手抱球

（59）

雲手旋腕

（61）

（60）

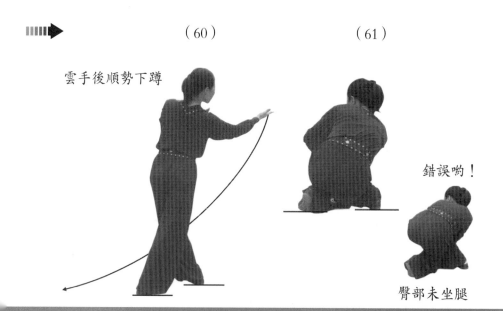

（60）　　　（61）

雲手後順勢下蹲

錯誤喲！

臀部未坐腿

（59）　　　（58）

（65）　　　　　　　　　　　　　　　　　（64）

兩手與肩
同寬、同高。

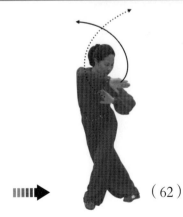

（62）　　　　　　　　　　　　　　　　　（63）

【十二、孔雀開屏】

蓋步與兩腳擰轉要
協調一致。

（63） （62）

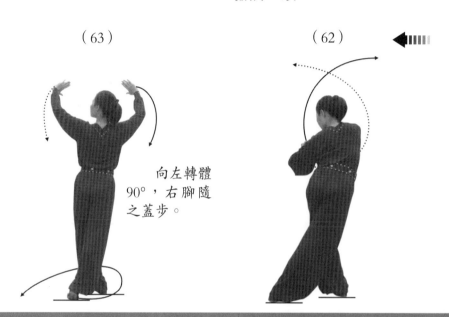

向左轉體
90°，右腳隨
之蓋步。

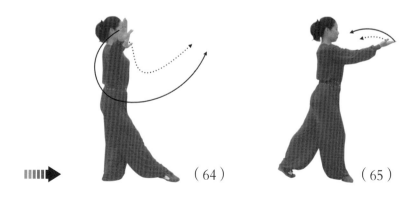

（64） （65）

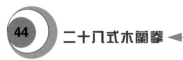
【十四、左右踩蓮】

十字手

兩臂要撐圓，轉腰與擺腿要同時
完成，踢腿要立腰，腿不可彎曲。

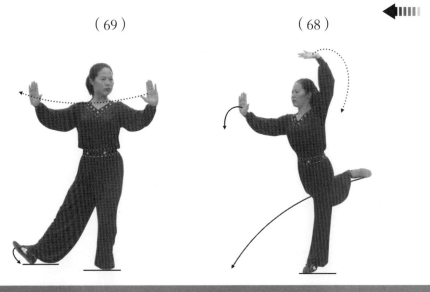

（69）　　　　　　　　　　（68）

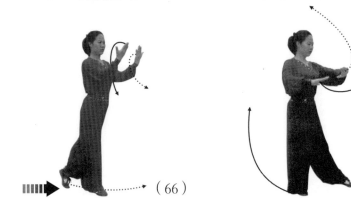

（66）　　　　　　　　　（67）

【十三、嫦娥奔月】

後舉腿與推掌、架掌同
時完成，不可聳肩、突臀。

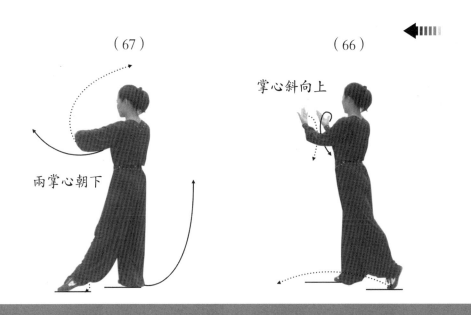

（67）　　　　　　　　　（66）

掌心斜向上

兩掌心朝下

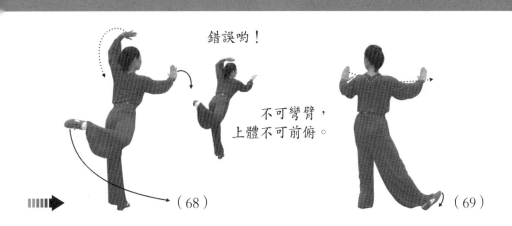

錯誤喲！

不可彎臂，
上體不可前俯。

（68）　　　　　　　　　　　　（69）

（73）

（72）◄▯▯▯▯▯

身體向左
轉 90°，左腳
勾腳尖，向左
外擺腿。

▯▯▯▯▶ 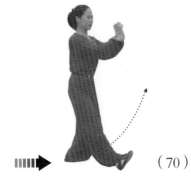（70）

（71）

（71）　　　　　　　　　（70）

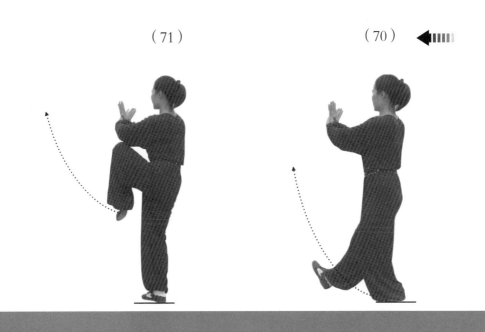

（72）

（73）

（78）

（77）

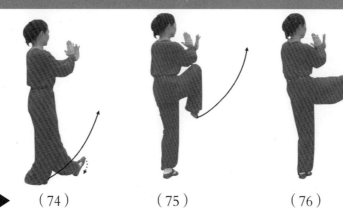

（74）　　　（75）　　　（76）

（76）　　（75）　　（74）◀▥▥

◀▥▥（77）

（78）

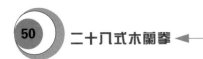
【十六、西施浣紗】

坐蓮步時，全蹲腿腳掌
著地，膝蓋不可著地。

（82）

（81）

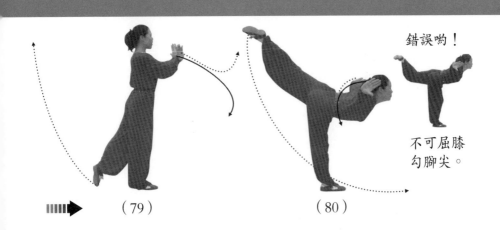

錯誤喲！

不可屈膝
勾腳尖。

（79）

（80）

【十五、雁落平沙】

支撐腿要挺膝，後舉
腿高於身體，不可低頭。

（80） （79）

腳面繃平

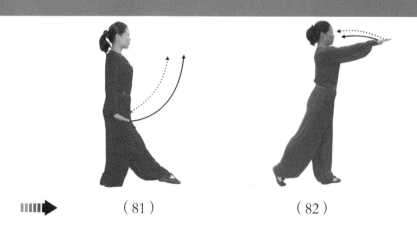

（81） （82）

（86）　　　　　　　　　（85）

兩手心向上

兩手心向内

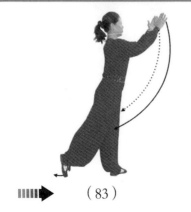

（83）

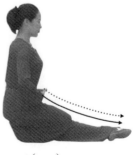

（84）

（84）　　　　　　　　　（83）

兩掌心相對

指尖相對

（85）　　　　　　　　　（86）

（89）　　　　　　　　　　　　　（88）

兩手心向上　　　　　　　兩手心向下

（87）

（87）

兩臂向兩側擺起

（88）

（89）

（92）

以左腳掌爲軸，
身體向左轉 135°，
右腿隨轉體向裡合
擺。

（90）

（91）

【十七、左右搖肩】

搖肩時，以腰帶肩、
帶臂，旋轉，放鬆協調。

（91）　　　　　　　　（90）

以腰帶臂，手腕向左、向右再向左微轉搖肩。

（92）

（96）　　　　　　　　　　（95）

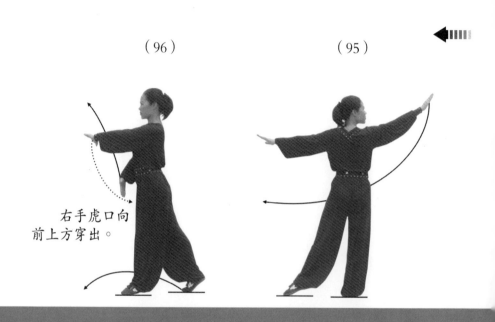

右手虎口向
前上方穿出。

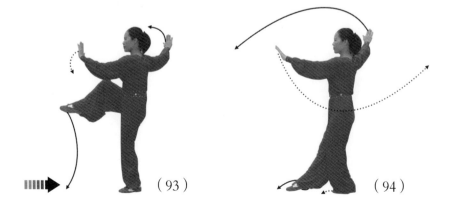

（93）　　　　　　　　　　（94）

【十八、風掃梅花】

動作要連貫、圓活，不可
斷勁，坐盤時，兩腿重疊，右
大腿貼近胸部擰腰掃掌。

（94） （93）

兩腳跟離
地，向左後
轉 135°。

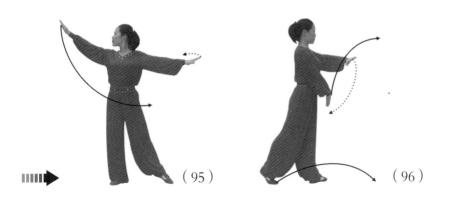

（95） （96）

（100）

（99）

（97）

（98）

（98）　　　　　　　　　　（97）

錯誤喲！

不可夾肩、聳肩，
臀部未坐地上。

（99）　　　　　　（100）

（104） （103）

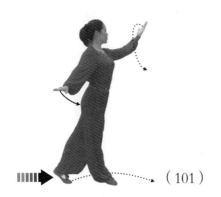

（101）

（102）

【十九、撥雲見日】

以腰為軸，帶動兩臂畫弧要圓。

（102）　　　　　　　　　　　　（101）　

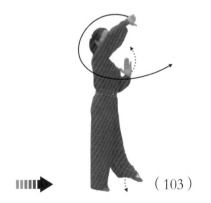

（103）

（104）

（108） （107）

（105） （106）

【二十、金蟬脫殼】

穿掌與勾踢腿要同時
完成，勾踢要輕柔。

（106） （105）

錯誤喲！

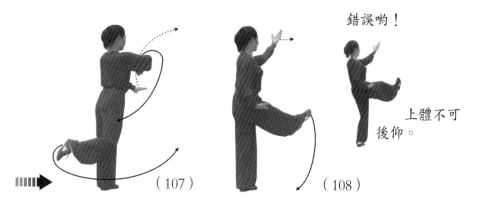

上體不可
後仰。

（107） （108）

（112）　　　　　　　　　（111）

（109）　　　　　　　　　（110）

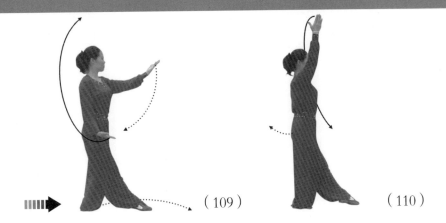

【二十一、飛燕捕蝶】

穿掌與重心下降坐蓮步
要同時完成，不可弓腰。

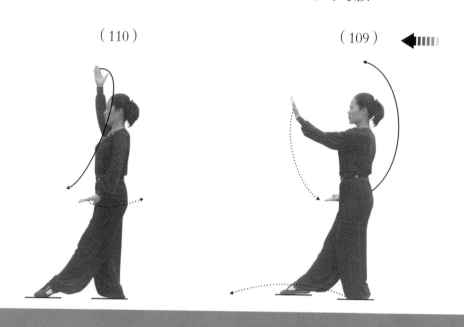

（110）　　　　　　　　　　　　　（109）

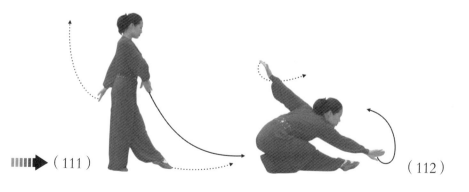

（111）　　　　　　　　　　　　　（112）

（116）　　　　　　　　（115）

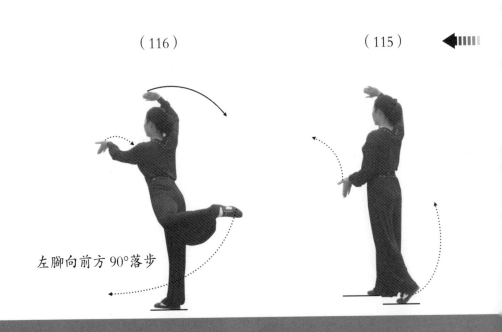

左腳向前方 90°落步

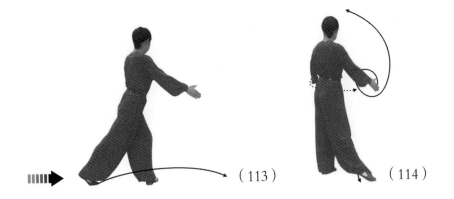

（113）　　　（114）

【二十二、宿鳥投林】

上步與畫弧要協調，後舉腿
要高於臀部，上體不可前俯。

（114）　　　　　　　　　（113）

兩掌心相對

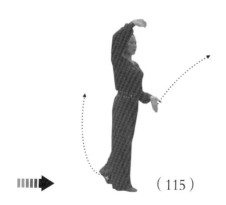

（115）　　　　　　　　　（116）

（119）

身體向左轉 90°

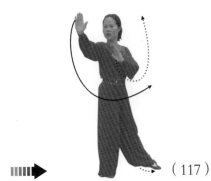

（117）

（118）

【二十二、青鸞飛嘯】

蓋步與穿掌要立身擰
腰，協調完成。

（118）

（117）

右腳蓋步，
腳尖點地。

身體向左轉 90°

（119）

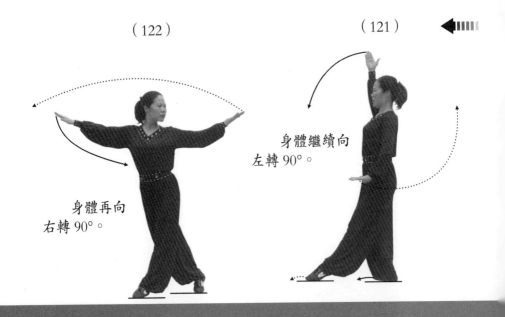

（122）

（121）

身體繼續向
左轉 90°。

身體再向
右轉 90°。

（120）

【二十四、黃鶯落架】

轉體與畫弧協調,後
舉腿要高於臀部。

（120）

身體向左後轉180°

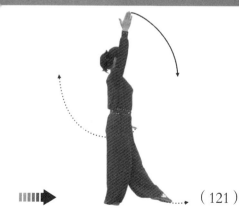

（121）

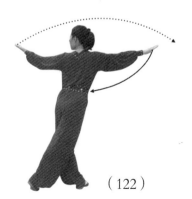

（122）

（125）

錯誤喲！

手臂不可太開

（123）

（124）

（124）　　　　　　　　　　（123）

（125）

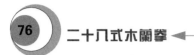

【二十五、猛虎聽風】

　　轉身畫弧要平穩，掃腿時，左腳掌要
弧形擦地，重心後移與分掌要同時完成。

（126）　　　　　　　　（127）

身體向左轉 90°。

左腳向後
掃腿，腳尖著
地。

（129）　　　　　　　　（128）

（128）

（129）

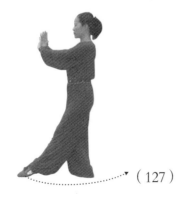

（127）

（126）

【二十六、左右浪子踢球】

踢腿時要挺直、立腰、收腹，腳尖
要勾起輕落，不可弓腰。

　　　　　　（130）

身體向右轉 90°。

（132）

（131）

（131）　（132）

（130）

（133）

身體向左轉90°。

（134）

（135）

（135）

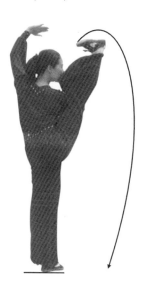

（134）

（133）

【二十七、巧坐金蓮】

兩臂以腰帶動隨重心前後移動擺動，
歇步推掌要協調一致，右膝蓋不可著地。

（136） （137）

錯誤喲！

五指不可分開。

重心前移。

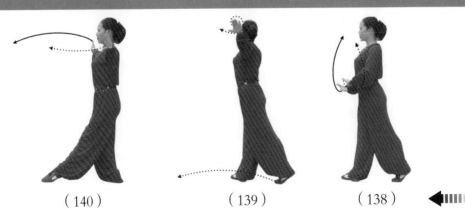

（140） （139） （138）

（138）　　　　　（139）　　　　　（140）

兩手心向下。

兩手心向前。

（137）

（136）

（141） （142）

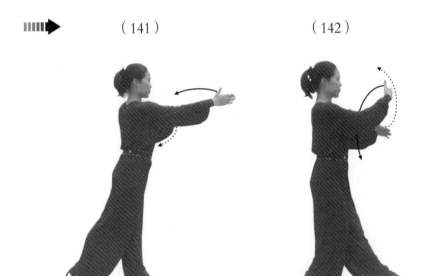

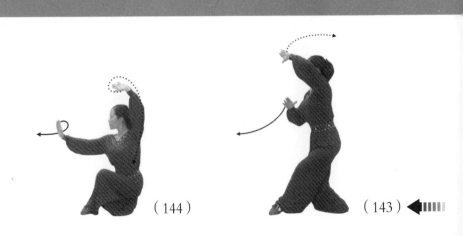

（144） （143）

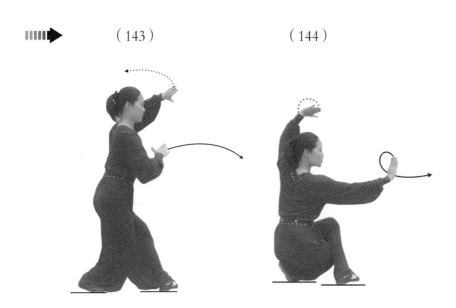

（143）　　　　　　（144）

（142）　　　　　　（141）

【二十八、請拳謝禮】

　　兩臂旋轉，上步與雙手畫弧要協調一致，動作要柔和，後舉腿與抱拳要配合協調，不可前俯。

（145）

（147）

（146）

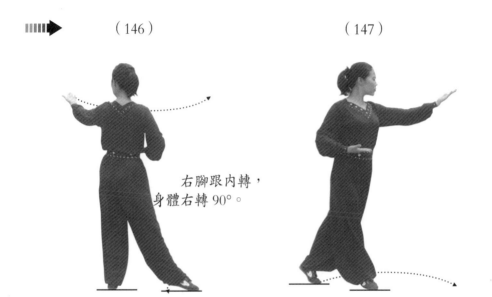

（146）　　　　　　　　　　（147）

右腳跟內轉，
身體右轉 90°。

（145）

（148）

（149）

左腳跟內轉，
身體向左轉90°。

左掌右拳。

（150）

（150）

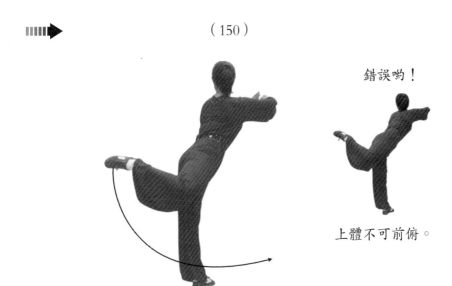

錯誤喲！

上體不可前俯。

（149）

（148）

【收 勢】

收步與兩手上舉同時完成，
兩腿直立，兩臂自然下落伸直。

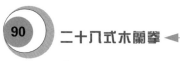

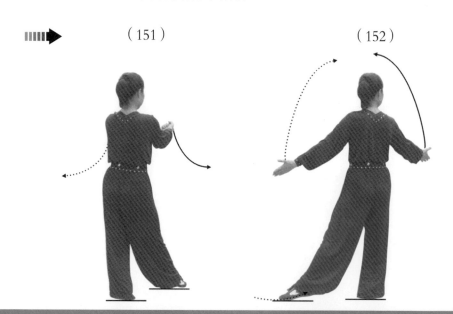

（151）　　　　　　　　（152）

（154）　　　　　　　　（153）

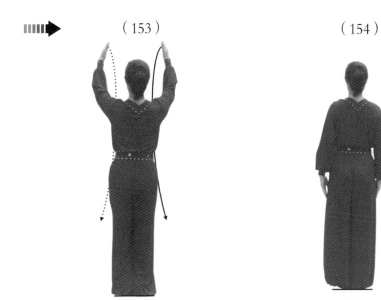

（153）　　　　　　　　（154）

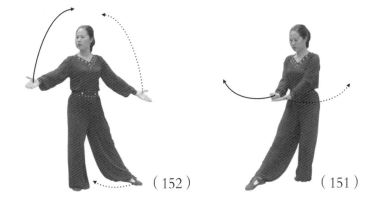

（152）　　　　　　　　（151）

主 編 簡 介

　　溫力，男，河北省蠡縣人，漢族，1943 年 11 月生。1967 年畢業於武漢體育學院，1981 年武漢體育學院研究生畢業留校任教。現任武漢體育學院武術系教授。1985 年獲教育學碩士學位，是中國第一批獲得碩士學位的武術專業工作者之一。自幼隨父母（中國著名的武術界前輩）溫敬銘、劉玉華兩位教授學習武術，有堅實的武術技術和理論基礎。多年來從事武術教學工作，對武術基礎理論有較深入的研究，多次擔任國內外重大比賽的武術裁判。

導引養生功

1 疏筋壯骨功＋VCD
定價350元

2 導引保健功＋VCD
定價350元

3 頤身九段錦＋VCD
定價350元

4 九九還童功＋VCD
定價350元

5 舒心平血功＋VCD
定價350元

6 益氣養肺功＋VCD
定價350元

7 養生太極扇＋VCD
定價350元

8 養生太極棒＋VCD
定價350元

9 導引養生形體詩韻＋VCD
定價350元

10 四十九式經絡動功＋VCD
定價350元

張廣德養生著作　每冊定價 350 元

全系列為彩色圖解附教學光碟

輕鬆學武術

1 二十四式太極拳＋VCD
定價250元

2 四十二式太極拳＋VCD
定價250元

3 八式十六式太極拳＋VCD
定價250元

4 三十二式太極劍＋VCD
定價250元

5 四十二式太極劍＋VCD
定價250元

彩色圖解太極武術

1 太極功夫扇

定價220元

2 武當太極劍

定價220元

3 楊式太極劍

定價220元

4 楊式太極刀

定價220元

5 二十四式太極拳+VCD

定價350元

6 三十二式太極劍+VCD

定價350元

7 四十二式太極劍+VCD

定價350元

8 四十二式太極拳+VCD

定價350元

9 楊式十六式太極劍

定價350元

10 楊氏二十八式太極拳+VCD

定價350元

11 楊式太極拳四十式+VCD

定價350元

12 陳式太極拳五十六式+VCD

定價350元

13 吳式太極拳五十六式+VCD

定價350元

14 精簡陳式太極拳八式十六式

定價220元

15 精簡吳式太極拳架·推手三十六式

定價220元

16 夕陽美功夫扇

定價220元

17 綜合四十八式太極拳+VCD

定價350元

18 三十二式太極拳 四段

定價220元

19 楊式三十七式太極拳+VCD
定價350元

20 楊氏五十一式太極劍+VCD
定價350元

21 嫡傳楊家太極拳精練二十八式

定價220元

國家圖書館出版品預行編目資料

二十八式木蘭拳（附 VCD）／秦子來　編著
　　──初版，──臺北市，大展，2007〔民 96・12〕
　　面；21 公分，──（輕鬆學武術；6）
　　ISBN　978－957－468－576－9（平裝附影音光碟）

1. 拳術　2. 中國
528.97　　　　　　　　　　　　　　　96019456

二十八式木蘭拳（附 VCD）

編　著／秦 子 來　　　　　ISBN　978－957－468－576－9

責任編輯／李 荷 君

發 行 人／蔡 森 明

出 版 者／大展出版社有限公司

社　　址／台北市北投區（石牌）致遠一路 2 段 12 巷 1 號

電　　話／（02）28236031・28236033・28233123

傳　　眞／（02）28272069

郵政劃撥／01669551

網　　址／www.dah-jaan.com.tw

E - mail／service@dah-jaan.com.tw

登 記 證／局版臺業字第 2171 號

承 印 者／傳興印刷有限公司

裝　　訂／建鑫裝訂有限公司

排 版 者／弘益電腦排版有限公司

授 權 者／湖北科學技術出版社

初版 1 刷／2007 年（民 96 年）12 月

定　價／250 元

養生保健　古今養生保健法　強身健體增加身體免疫力

1 醫療養生氣功
醫療養生氣功
定價250元

2 中國氣功圖譜
中國氣功圖譜
定價250元

3 少林醫療氣功精粹
少林醫療氣功精粹
定價250元

4 龍形實用氣功
龍形實用氣功
定價220元

5 魚戲增視強身氣功
魚戲增視強身氣功
定價220元

7 道家玄牝氣功
道家玄牝氣功
定價200元

8 仙家秘傳祛病功
仙家秘傳祛病功
定價160元

9 少林十大健身功
少林十大健身功
定價180元

10 中國自控氣功
中國自控氣功
定價250元

11 醫療防癌氣功
醫療防癌氣功
定價250元

12 醫療強身氣功
醫療強身氣功
定價250元

13 醫療點穴氣功
醫療點穴氣功
定價250元

14 中國八卦如意功
中國八卦如意功
定價180元

15 正宗馬禮堂養氣功
正宗馬禮堂養氣功
定價420元

16 秘傳道家筋經內丹功
道家筋經內丹功
定價300元

17 三元開慧功
三元開慧功
定價250元

18 防癌治癌新氣功
防癌治癌新氣功
定價180元

19 禪定與佛家氣功修煉
禪定與佛家氣功修煉
定價200元

20 顛倒之術
顛倒之術
定價360元

21 簡明氣功辭典
簡明氣功辭典
定價360元

22 八卦三合功
八卦三合功
定價230元

23 朱砂掌健身養生功
朱砂掌健身養生功
定價250元

24 抗老功
抗老功
定價230元

25 意氣按穴排濁自療法
意氣按穴排濁自療法
定價250元

27 健身祛病小功法
健身祛病小功法
定價200元

28 張氏太極混元功
張氏太極混元功
定價250元

29 中國璇密功
中國璇密功
定價250元

30 中國少林禪密功
中國少林禪密功
定價200元

31 郭林新氣功
郭林新氣功
定價400元

32 八卦之源與健身養生
八卦之源與健身養生
定價280元

33 現代原始氣功1
現代原始氣功1
定價400元

34 養生開脈太極
養生開脈太極
定價300元

35 通靈功—養生祛病及入門功法
通靈功—養生祛病及入門功法
定價300元